punto ANUDADO

JULIE ROBERT

punto ANUDADO

TÉCNICAS Y PROYECTOS

FOTOGRAFÍAS DE
JULIE ROBERT Y MATTHIEU LE GUENNEC

GGDIY

INTRODUCCIÓN

El punto anudado es una técnica muy antigua que se ha actualizado recientemente. Mi querida abuelita me inició en este arte, al mismo tiempo que me enseñaba punto, costura, tapicería, punto de cruz y muchas cosas más. Recuerdo que, de pequeña, me encantaba meter la mano en la cesta llena de lana, ¡y las sensaciones que experimentaba entonces me vienen a la mente! El punto anudado tenía su gracia y me conquistó.

Así que, de vez en cuando, entre dos proyectos de telar, regreso a esta técnica aprendida durante mi infancia.

Nudo tras nudo, línea tras línea, aparece el diseño. La alegría y la simplicidad emergen de esta técnica que sabe llenarnos. Para esta actividad no es necesario tener una gran destreza ni dominar una elaborada técnica. A hacer nudos se aprende rápida y fácilmente. Luego, solo hay que seguir un patrón y estar pendiente de la labor para abstraerse con los hilos anudados.

Hoy en día, las labores de antaño se han reemplazado por motivos contemporáneos, abstractos y geométricos. Los materiales que se usan son más variados, y el volumen se ha convertido en un elemento fundamental. Se permite cualquier fantasía. Todo es bueno para experimentar.

El punto anudado se ha convertido en una tendencia de decoración que se cuelga en las paredes, tapiza sillas y sofás o se expone en el suelo. ¡Déjate guiar por este libro para comprender los principios básicos y crear cuadros, cojines e incluso tapices sin límite!

ÍNDICE

MATERIALES Y TÉCNICAS

PROYECTOS Y CREACIONES

MATERIALES *y técnicas*

1
2
3
4
5
6
7
8
9

LANAS *e hilos*

Puedes utilizar diversos tipos de lana (1 y 2). También dan buen resultado otros materiales, como el algodón (3, 4 y 5), la rafia y la cuerda (6), la rafia de papel (7), la tira de algodón trenzado plano (8) o la doble gasa (muselina) (9). Atrévete a jugar con los volúmenes utilizando diferentes grosores o anudando dos hebras juntas. Para ayudarte a escoger los materiales, ve al cuaderno de direcciones de la página 125.

1
2
FIBER-GLASS
3
4
5
6
7
8
9
10
11
12
13
14

ÚTILES y materiales

¡No necesitas mucho material para empezar a divertirse con el punto anudado! Busca en tu pequeño caos de bricolaje, ¡seguro que encontrarás herramientas y suministros!

1 un par de tijeras de costura

Escoge unas buenas tijeras que corten perfectamente para igualar la lana cuando el proyecto esté terminado.

2 cinta métrica

3 regla

4 máquinas de hacer pompones de diferentes tamaños

5 plancha

6 tela de cañamazo para alfombras

Se compra por metros en la mayoría de las mercerías. Este cañamazo tiene 13 agujeros por centímetro.

7 peine de madera

Indispensable para enderezar las hebras y dar forma a la labor cuando acabes un proyecto, antes de igualar las hebras.

8 ganchillo de alfombra de nudos

Escoge un ganchillo adaptado a la trama del cañamazo.

9 rotulador

10 aguja lanera

11 telas

12 hilo y aguja de coser

13 alfileres

14 cartón

¡Para hacer las hebras de los hilos! (páginas 18-19)

LOS DIFERENTES *puntos*

Según si haces nudos, bucles o flecos, las técnicas varían. Antes de lanzarte a tu primera obra, haz pruebas para tener el ganchillo bajo control. Muy pronto dominarás el punto anudado.

HACER *nudos*

1

Pasa la cabeza del ganchillo por un agujero y sácala por el agujero de encima. Abre la cabeza del ganchillo y desliza una hebra de hilo debajo del ganchillo, con sus dos extremos mirando hacia arriba.

2

Pasa los dos extremos del hilo por la cabeza del ganchillo y estira del ganchillo. La cabeza se cerrará sobre el trozo de algodón.

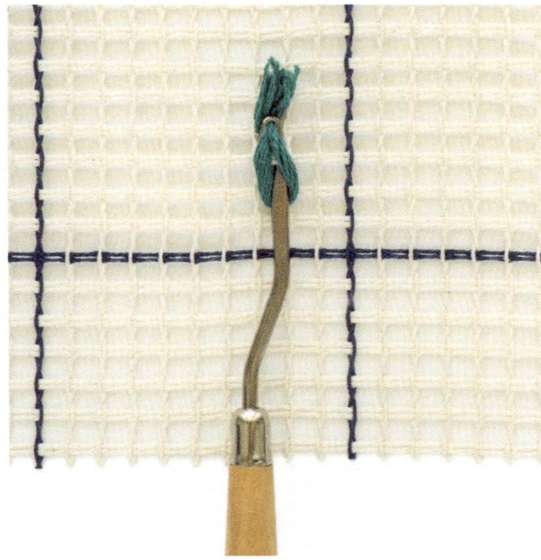

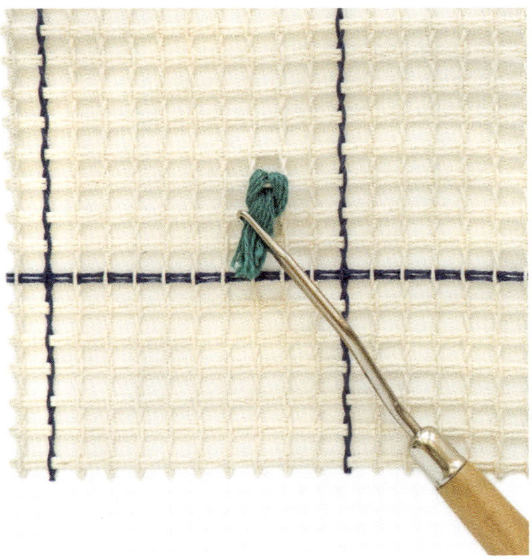

3

Estira del ganchillo a través de los dos agujeros para que ambos extremos del hilo salgan en el derecho de la labor. Se ha formado un nudo en el derecho de la pieza.

4

Peina el hilo para que se enderece y tenga volumen.

HACER *bucles*

1

Pasa el ganchillo por un agujero y sácalo por el agujero de encima. Abre la cabeza del ganchillo, desliza una hebra por debajo del ganchillo y pasa los dos extremos por la cabeza del mismo.

2

Estira del ganchillo a través de los dos agujeros del cañamazo para formar un bucle en el derecho de la labor. Ambos extremos del hilo no deben pasar por los agujeros.

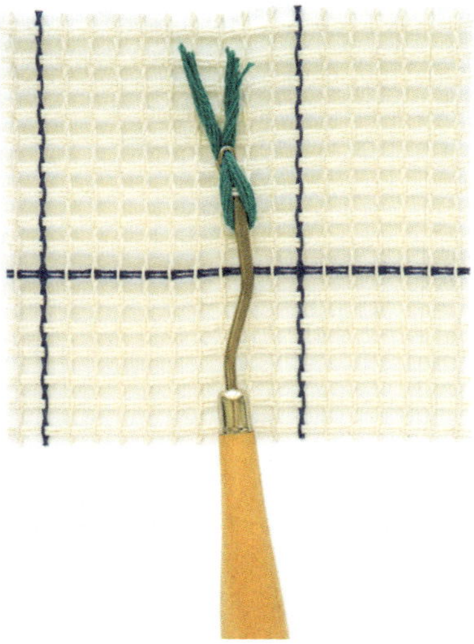

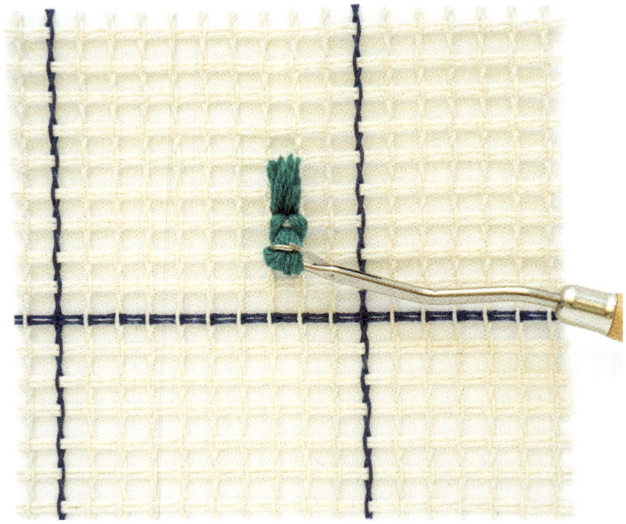

3

Saca el ganchillo sin estirar del bucle.

4

Da la vuelta a la labor y, con una aguja lanera, saca los dos extremos del hilo hacia el revés.

CREAR *flecos*

1

Pasa la cabeza del ganchillo por un agujero, sácala por el agujero de encima y pasa una hebra larga doblada en dos por la cabeza del ganchillo, con sus dos extremos mirando hacia arriba.

2

Estira del ganchillo para que pase a través de los dos agujeros y haga un bucle por el derecho.

3

Coge los extremos de la hebra con la cabeza del ganchillo.

4

Estira de los extremos del hilo a través del bucle y tira hacia arriba para formar un nudo.

CREAR HEBRAS *de hilo*

Para el punto anudado, antes hay que cortar las hebras que utilizarás y juntarlas por colores para tener los "grupos de hilos". En la mayoría de los proyectos de este libro se han utilizado dos longitudes de hebras, de 7 y de 12 cm de largo. Para cortar las hebras fácil y rápidamente, solo necesitas un cartón... ¡y unas buenas tijeras!

1

Corta dos tiras de cartón, una de 3,5 cm de ancho para las hebras cortas (1) y otra de 6 cm de ancho para las hebras largas (2).

2

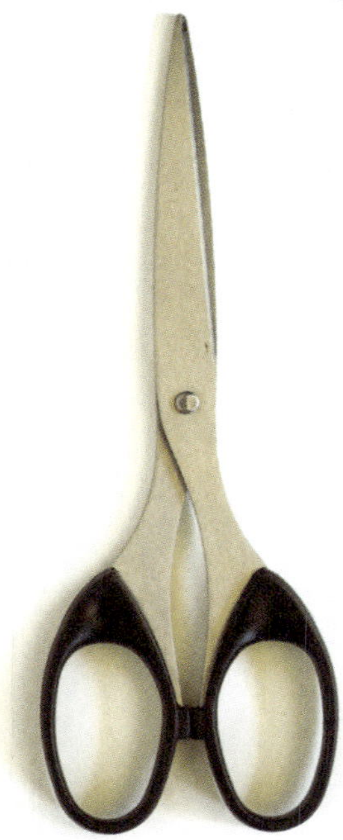

Enrolla el hilo varias veces alrededor de un cartón sin crear superposiciones y enrolla la lana de la forma más regular que puedas. Detente en el lado donde has empezado. Corta el hilo a lo largo del cartón. Es mejor repetir esto varias veces que enrollar demasiados hilos en el cartón, ya que corres el riesgo de tener hebras de distintas longitudes.

COJÍN
bereber
(páginas 76-79)

LEER *un diagrama*

1

Encuentra el diseño que desees reproducir en las láminas 1-8. Todos los patrones son a tamaño real.

2

Corta un trozo de cañamazo según las medidas indicadas. Siempre tienen un margen de 3 cm alrededor de los diseños.

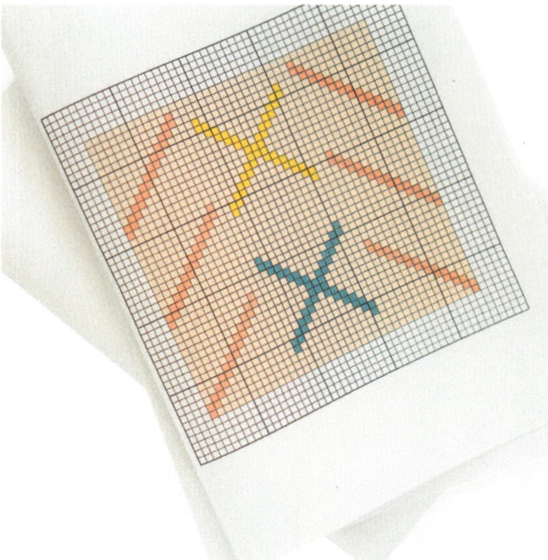

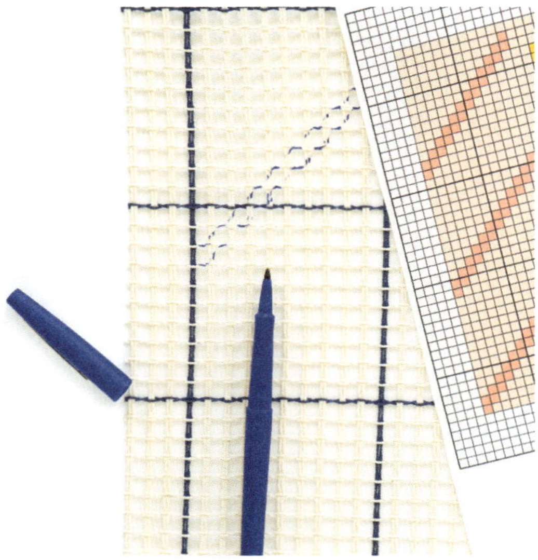

3

Delimita la medida de la labor en la tela marcando su contorno.

4

Indica la posición de los bloques de color (cada recuadro del diagrama corresponde a un agujero de la tela) colocando el patrón bajo el cañamazo. Los colores se indican en las explicaciones; puedes anotarlos en el cañamazo.

PROYECTOS
y creaciones

TAPIZ 5 colores

ESTE TAPIZ, SOBRIO Y ELEGANTE, ES FÁCIL.
¡PERFECTO PARA INICIARSE EN EL PUNTO ANUDADO!

TAMAÑO DEL PROYECTO

15 x 15 cm

ÚTILES

1 ganchillo de alfombra de nudos

1 peine

1 rotulador

1 plancha

1 tijeras

hilo de coser y aguja

MATERIALES

21 x 21 cm de tela de cañamazo

1 ovillo de algodón de 75 m y de 2 mm de grosor en colores azul, azul verdoso, azul cielo y crudo

1 ovillo de algodón de 75 m y de 1 mm de grosor en color azul jaspeado

---

Antes de empezar. Corta las hebras de lana y algodón de unos 7 cm (páginas 18-19) y únelas por colores para obtener cinco grupos de hilos.

1

Dibuja el motivo en el cañamazo siguiendo el diseño de la lámina 3 o hazlo a mano alzada. Asegúrate de que el dibujo siga siempre la trama del cañamazo.

2

Pasa la cabeza del ganchillo por el agujero situado debajo del dibujo inferior, a la izquierda del diseño, sácala por el agujero situado encima y empuja para que la cabeza del ganchillo se abra.

3

Enrolla una hebra de algodón alrededor de la cabeza del ganchillo, con sus extremos mirando hacia arriba. Estira del ganchillo para que la cabeza se cierre sobre el algodón.

4

Estira del ganchillo para que pase a través de los dos agujeros. Se ha formado un nudo en el derecho de la labor. Cuando saques todo el ganchillo, tendrás un nudo fijado en la tela de cañamazo.

5

Siguiendo el diseño, rellena el primer bloque con el color azul cielo, haciendo un nudo en cada agujero del cañamazo. Pasa al siguiente color.

6

Rellena los dos bloques de arriba de la misma manera, trabajando siempre de izquierda a derecha y de arriba abajo.

7

Cuando acabes los tres colores, trabaja con la lana azul jaspeado para rellenar la parte superior. Como la lana es fina (utilizar lana fina doble da un efecto "espumoso" a la obra), es necesario usar dos hebras a la vez para hacer los nudos. Para ello, reagrupa tus hebras antes de empezar a hacer los nudos.

8

Haz los nudos en la zona derecha, empezando siempre por abajo. Como norma general, siempre se empieza por los colores oscuros y se termina por los claros.

9

Peina tu labor para darle volumen.

10

Gira la labor del revés y dobla los bordes del cañamazo, a ras de los puntos anudados usando la punta de una plancha caliente.

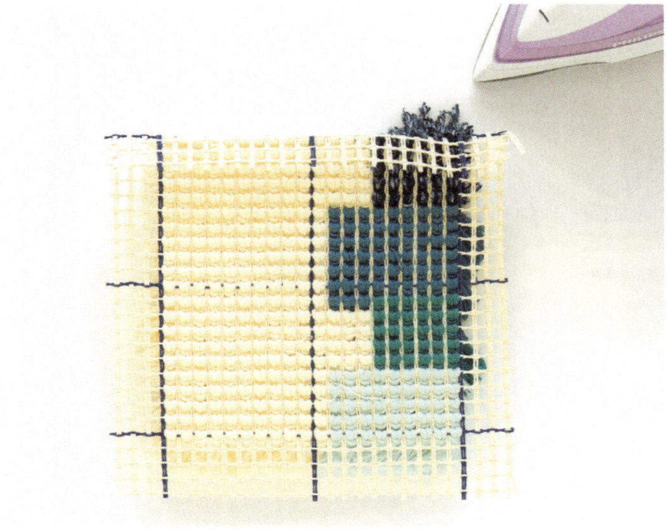

11

Cose los bordes con puntadas largas en todo el contorno de la labor.

12

Recorta los trozos de lana o algodón que sobresalgan para unificar la labor.

TAPIZ ovalado

¡UNA FORMA ORIGINAL PARA ESTE PANEL DE COLORES ARMONIOSOS Y SORPRENDENTES!

TAMAÑO DEL PROYECTO

22 x 33 cm

ÚTILES

1 ganchillo de alfombra de nudos

1 peine

1 rotulador

1 plancha

1 tijeras

hilo de coser y aguja

MATERIALES

28 x 36 cm de tela de cañamazo

1 ovillo de algodón de 75 m y de 2 mm de grosor en colores crudo, negro, mostaza, rosa, azul cielo y azul verdoso

1 ovillo de lana de 90 m y de 2 mm de grosor en color burdeos

1 ovillo de hilo de algodón redondo jersey fino de 80 m y de 1,5 mm de grosor en color amarillo limón

---

Antes de empezar. Corta las hebras de lana y algodón de unos 7 cm (páginas 18-19) y únelas por colores para obtener ocho grupos de hilos.

1

Dibuja el motivo en el cañamazo siguiendo el diseño de la lámina 5 o hazlo a mano alzada.

2

Anuda una primera hebra de lana negra en el borde exterior del trazado (páginas 26-27), en la base del triángulo, y trabaja en filas yendo hacia arriba.

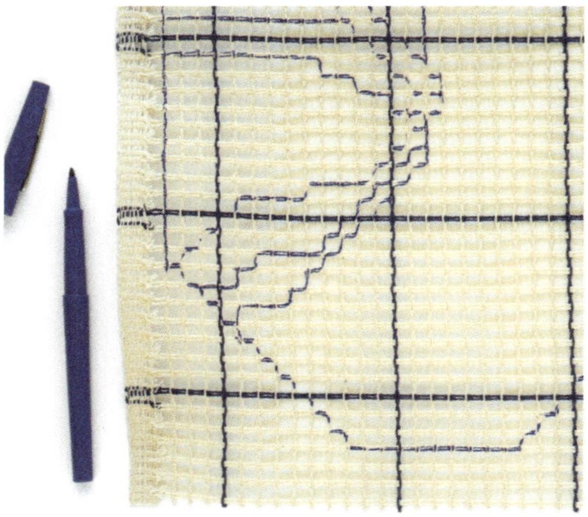

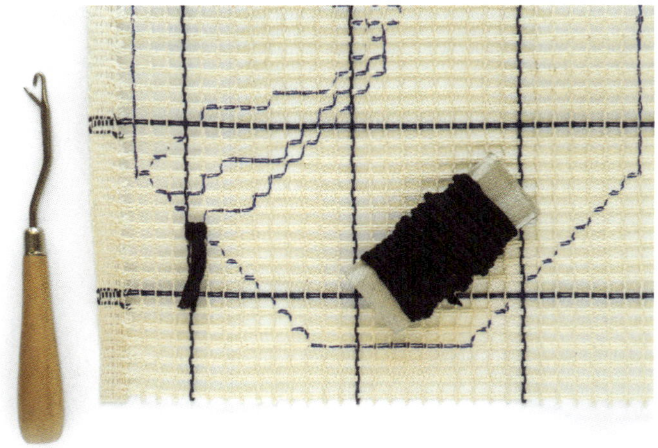

3

Haz una franja de color amarillo claro encima, con un área mayor por encima, de un tono amarillo más fuerte. Estos dos colores contrastarán con el negro de debajo.

4

Añade encima la lana burdeos. Esta zona baja en punta, de forma que se encuentra con el triángulo negro y enmarca la zona amarilla.

5

Continúa con un tono rosa, encima de la zona izquierda y que forma un triángulo que acaba en un punto anudado en el borde.

6

Bordea la parte derecha de este triángulo con dos franjas de dos tonos de amarillo, haciéndolas descender a lo largo de la zona burdeos.

7

Rellena la siguiente forma con el color azul cielo para suavizar los colores ya trabajados.

8

Trabaja la zona superior con el color azul verdoso, que contrasta con el azul cielo y delimita la mitad del óvalo. Rellena el resto del óvalo con nudos de color crudo; empieza por abajo y trabaja hacia arriba.

9

Gira la labor del revés y haz unos pequeños cortes con las tijeras en las esquinas de la tela para hacer los dobladillos y doblar los bordes.

10

Dobla las esquinas y los bordes hacia el revés, a ras de los puntos anudados usando la punta de una plancha caliente.

11

Cose los bordes con puntadas largas, en el revés de la labor.

12

Recorta los trozos de lana o algodón que sobresalgan y peina la labor para darle volumen.

CÍRCULO de pompones

¡FÁCIL Y DIVERTIDO, ESTE CÍRCULO DE POMPONES APORTA COLOR Y ALEGRÍA!

TAMAÑO DEL PROYECTO

33 cm de diámetro

ÚTILES

3 máquinas de pompones, de tamaño pequeño, mediano y grande

1 rotulador

1 tijeras

1 plancha

hilo de coser y aguja

MATERIALES

36 x 36 cm de tela de cañamazo

1 ovillo de algodón de 90 m y de 2 mm de grosor en colores coral, rosa, amarillo y azul

1 ovillo de lana de 90 m y de 1 mm de grosor en color azul oscuro

1 ovillo de lana de 60 m y de 3 mm de grosor en colores amarillo, rosa claro, blanco y mostaza

---

Antes de empezar. Para este proyecto, es necesario que confecciones cuatro pompones grandes, diez pequeños y diez medianos.

1

Abre una máquina de hacer pompones con sus dos partes superpuestas.

2

Para un pompón bicolor, enrolla varias veces la primera lana en tres cuartas partes del brazo. No cortes la lana.

3

Enrolla la segunda lana alrededor del brazo a continuación de la primera. Cuanto más enrolles la lana alrededor del brazo de la máquina, más tupido será el pompón.

4

Todavía con la segunda lana, haz varias vueltas espaciadas alrededor del brazo y corta la lana. A continuación, haz varias vueltas espaciadas alrededor del brazo con la primera lana y córtala.

5

Enrolla la lana alrededor del otro brazo y cierra la máquina. Puedes hacerlo liso o con un pequeño toque de color en contraste con el primero.

6

Desliza la punta de las tijeras entre las dos partes de la máquina, corta la lana por el contorno del círculo y pasa un trozo de lana.

7

Estira del trozo de lana y haz un doble nudo. Abre la máquina y saca el pompón. Da vueltas al pompón entre tus manos para darle forma y recorta las hebras que sobresalgan.

8

Haz los otros pompones de la misma manera: lisos, bicolores, tricolores... y de diferentes tamaños.

9

Dibuja en la tela un círculo de 30 cm de diámetro. Ata los pompones con un doble nudo, empezando por abajo, poniendo los más pesados arriba.

10

Haz unos pequeños cortes en las esquinas para hacer los dobladillos.

11

Dobla la tela hacia el revés, para que no sobresalga de los pompones, usando la punta de una plancha caliente.

12

Cose los bordes de la tela de cañamazo con puntadas largas, en el revés de la labor.

LETRA con bucles

¡UNA O VARIAS LETRAS PARA FORMAR UNA PALABRA AMOROSA! ¡LA COMPOSICIÓN DEPENDE DE TI!

TAMAÑO DEL PROYECTO

16 x 20 cm

ÚTILES

1 ganchillo de alfombra de nudos

1 rotulador

1 plancha

1 tijeras

1 aguja lanera

hilo de coser y aguja

MATERIALES

22 x 26 cm de tela de cañamazo

1 ovillo de algodón de 75 m y de 2 mm de grosor en colores crema y mostaza

16 x 20 cm de tela termoadhesiva

Antes de empezar. Corta las hebras de algodón de unos 12 cm (páginas 18-19) y únelas por colores para obtener dos grupos de hilos.

1

Dibuja la letra escogida con el rotulador, centrada en la tela de cañamazo y siguiendo el diseño de las láminas 6-8, o hazla a mano alzada.

2

Comienza por la letra. Pasa la cabeza del ganchillo por el agujero situado debajo y sácala por el agujero situado encima. Enrolla una hebra de algodón, con sus dos extremos mirando hacia arriba, y estira para que la cabeza se cierre sobre el algodón.

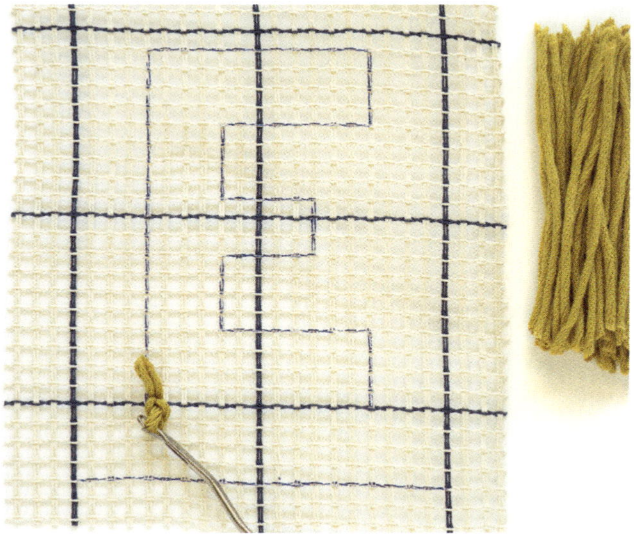

3

Estira suavemente del ganchillo para que salga por los dos agujeros, sin pasar ambos extremos de la hebra de algodón a través del nudo que se forma.

4

Sujeta los dos extremos de la hebra en el derecho de la tela con un dedo y estira del ganchillo para hacer un nudo fuerte. Retira la cabeza del ganchillo del nudo.

5

Gira la tela y saca los dos extremos de la hebra al revés de la tela con una aguja lanera.

6

Rellena la letra de nudos de color mostaza y pasa al fondo crema empezando por debajo a la izquierda de la tela de cañamazo.

7

Todas las hebras de los nudos sacadas en el revés aportan un aspecto frondoso a la labor.

8

Dobla los bordes de la tela hacia el revés, a ras de la labor, usando la punta de una plancha caliente.

9

Cose los bordes de la tela de cañamazo con puntadas largas, en el revés de la labor.

10

Asegúrate de que el rectángulo de tela termoadhesiva no sobrepase los bordes de la labor; si es necesario, recórtalo. Pega la tela termoadhesiva en el revés con la plancha para fijar los hilos de los nudos y evitar que se deshagan.

POSAVASOS *de ojo*

¡TAMBIÉN PUEDES HACER POSAVASOS LISOS CON LOS ALGODONES PARA CREAR UN CONJUNTO SORPRENDENTE!

TAMAÑO DEL PROYECTO

12 x 12 cm

ÚTILES

1 ganchillo de alfombra de nudos

1 rotulador

1 plancha

1 tijeras

1 aguja lanera

hilo de coser y aguja

MATERIALES

18 x 18 cm de tela de cañamazo

1 ovillo de algodón de 75 m y de 2 mm de grosor en colores mostaza, crema, azul cielo y negro

12 x 12 cm de tela termoadhesiva

Antes de empezar. Corta las hebras de algodón de unos 12 cm (páginas 18-19) y únelas por colores para obtener cuatro grupos de hilos.

1

Dibuja el motivo en la tela de cañamazo siguiendo el diseño de la lámina 3 o hazlo a mano alzada.

2

Siguiendo las explicaciones de las páginas 44-45, haz los bucles de color azul cielo, empezando por abajo a la izquierda y, después, los bucles de color crema.

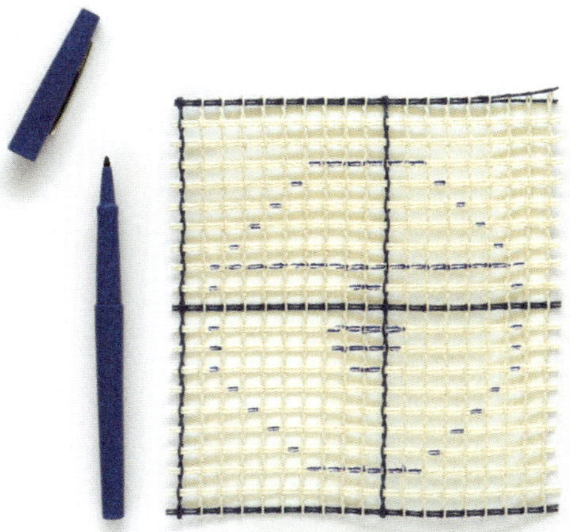

3

Rellena el centro con bucles de color negro.

4

Termina con los bucles de arriba con el algodón mostaza.

5

Recorta la tela de cañamazo alrededor del motivo, a 1 cm de la labor. Dobla los bordes hacia el revés usando la punta de una plancha caliente.

6

Corta la tela termoadhesiva de las dimensiones de la labor. Pégala en el revés con la plancha caliente para fijar los bucles y evitar que se deshagan.

CESTA *redonda*

MACETERO, PORTALÁPICES, BANDEJA PARA VACIARSE LOS BOLSILLOS... ESTA CESTA SIRVE PARA TODO.

TAMAÑO DEL PROYECTO

15 x 62,8 cm

ÚTILES

1 ganchillo de alfombra de nudos

1 peine

1 rotulador

1 pistola de cola caliente

1 cinta métrica

1 plancha

1 tijeras

1 aguja lanera

hilo de coser y aguja

alfileres

MATERIALES

21 x 69 cm de tela de cañamazo

1 salvamanteles redondo de corcho de 20 cm de diámetro

1 ovillo de algodón de 75 m y de 2 mm de grosor en colores azul cielo, crema y mostaza

1 ovillo de algodón de 75 m y de 1 mm de grosor en color azul jaspeado

1 ovillo de lana de 60 m y de 2 mm de grosor en color rosa claro

---

Antes de empezar. Corta las hebras de algodón de unos 7 cm (páginas 18-19) y únelas por colores para obtener cinco grupos de hilos.

1

Mide la circunferencia del salvamanteles y, si es necesario, recorta el trozo de tela de cañamazo para adaptarlo a esta medida (deja un margen).

2

Dibuja el motivo en la tela de cañamazo siguiendo el diseño de la lámina 6 o hazlo a mano alzada. Marca las partes rayadas y las partes lisas.

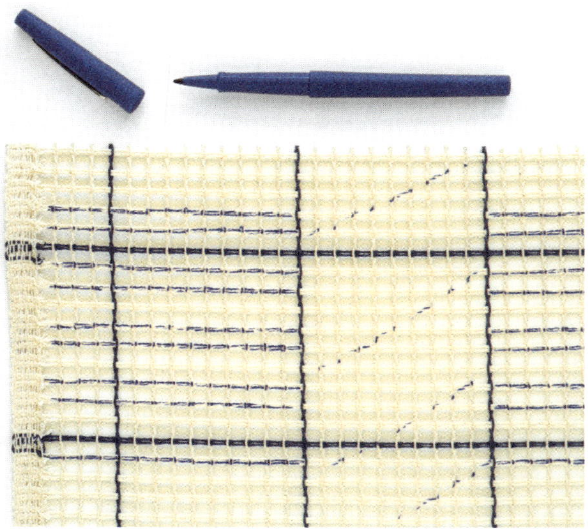

3

Haz las rayas de colores crema y azul jaspeado de la primera parte siguiendo las explicaciones de la página 15. Usa dos hebras del algodón azul jaspeado a la vez y empieza por abajo, a la izquierda de la labor.

4

Haz una franja de color azul cielo al lado de las rayas crema y azul jaspeado.

5

Continúa rellenando el diseño de nudos alternado rayas y partes monocromas.

6

Dobla la parte superior de la labor hacia el revés, a ras de los nudos, usando la punta de una plancha caliente. Cósela con puntadas largas.

7

Haz unos pequeños cortes con las tijeras en la parte inferior de la labor, en el borde de la tela de cañamazo, aproximadamente cada 10 cm.

8

Coloca la labor alrededor del salvamanteles y pon alfileres en la parte alta de la labor para mantenerla cerrada.

9

Pega la tela y la última fila de nudos bajo el salvamanteles.

10

Gira la cesta y apóyala sobre la base para que se adhiera a la tela.

11

Cose juntos los dos anchos de la tela con puntadas invisibles.

12

Peina la labor para darle volumen y, si es necesario, recorta las hebras que sobresalgan.

TABURETE *contemporáneo*

¡O CÓMO SE CONSIGUE UN CONJUNTO MODERNO MEZCLANDO ELEMENTOS RÚSTICOS!

TAMAÑO DEL PROYECTO

18 x 18 cm

ÚTILES

1 ganchillo de alfombra de nudos

1 rotulador

1 plancha

1 tijeras

1 pistola de cola caliente

hilo de coser y aguja

MATERIALES

24 x 24 cm de tela de cañamazo

1 ovillo de tira de algodón trenzado de 120 m y de 7 mm de grosor en colores mostaza, amarillo claro, blanco y negro

1 taburete bereber

Antes de empezar. Corta las hebras de algodón de unos 7 cm (páginas 18-19) y únelas por colores para obtener cuatro grupos de hilos.

1

Mide tu taburete y, si es necesario, recorta el trozo de tela de cañamazo para adaptarlo a estas medidas (deja un margen alrededor).

2

Marca un cuadrado en la tela de las dimensiones de la parte superior del taburete y dibuja el motivo en la tela de cañamazo siguiendo el diseño de la lámina 1 o hazlo a mano alzada.

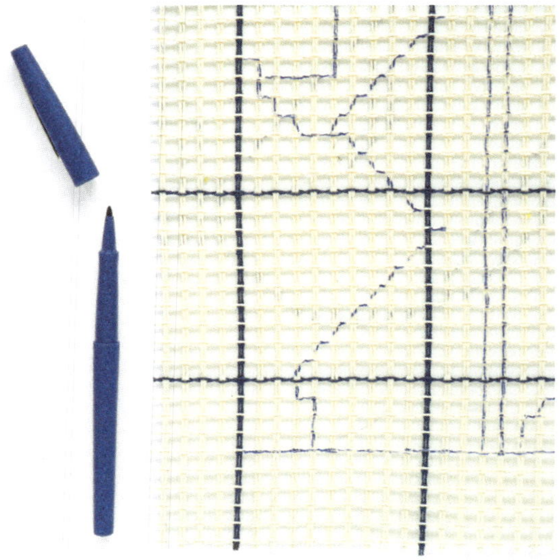

3

Coloca el trozo de cañamazo sobre el taburete e indica con el rotulador la posición de las patas, en las esquinas.

4

Empieza el trabajo por los nudos de abajo a la izquierda de la labor, siguiendo las explicaciones de la página 15, y trabaja hacia arriba para rellenar todo el bloque de nudos de color mostaza.

5

Continúa con el bloque de encima haciendo nudos de color amarillo claro para crear un contraste, pero mantén los tonos amarillos.

6

Crea una zona blanca a la derecha de los nudos de color mostaza, bordeada de una franja negra vertical que corte y marque el centro del diseño.

7

Haz los nudos de la parte derecha, poniendo los colores de forma simétrica respecto de la franja central negra.

8

Gira la labor del revés y corta las esquinas de la tela, con cuidado de no cortar los nudos.

9

Dobla los bordes del cañamazo, a ras de los puntos anudados usando la punta de una plancha caliente.

10

Cose los bordes en el revés, con puntadas largas, marcando bien las esquinas.

11

Coloca la tela sobre el taburete, ajustándola en las esquinas.

12

Pega la parte superior del taburete a la tela poniendo puntos de cola caliente en el revés de la tela de cañamazo. Presiona el contorno para que se adhiera.

13

Recorta las hebras de algodón que sobresalen para unificar la labor.

CUADRO *bereber*

LOS FLECOS QUE DECORAN EL BORDE DE ESTE TAPIZ QUE PARECE SUSPENDIDO EN EL AIRE LO ALARGAN Y LE APORTAN LIGEREZA.

TAMAÑO DEL PROYECTO

22 x 25 cm

ÚTILES

1 ganchillo de alfombra de nudos

1 peine

1 rotulador

1 plancha

1 tijeras

hilo de coser y aguja

MATERIALES

28 x 31 cm de tela de cañamazo

1 ovillo de algodón de 75 m y de 2 mm de grosor en colores mostaza, rosa claro, azul verdoso, azul cielo y crema

Antes de empezar. Corta las hebras de algodón de unos 7 cm (páginas 18-19) y únelas por colores para obtener seis grupos de hilos.

1

Dibuja el motivo en la tela de cañamazo siguiendo el diseño de la lámina 1 o hazlo a mano alzada.

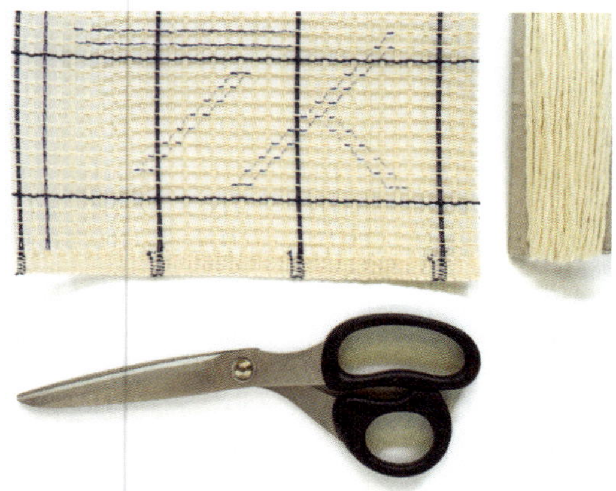

2

Corta hebras de algodón crema de unos 40 cm de largo enrollándolas alrededor de un cartón de 20 cm de ancho para hacer los flecos.

3

Pasa la cabeza del ganchillo por el agujero situado debajo del dibujo inferior, a la izquierda del diseño, sácala por el agujero situado encima y empuja para que la cabeza del ganchillo se abra. Pasa una hebra larga de algodón crema doblada en dos por la cabeza del ganchillo.

4

Estira del ganchillo de manera que pase a través de los dos agujeros, para tener un bucle en el derecho de la labor.

5

Estira de los extremos del algodón a través del bucle y vuelve a estirar hacia abajo para formar un nudo.

6

Haz una fila de flecos de color crema en la parte inferior de tu diseño para después hacer encima dos diagonales negras siguiendo las explicaciones de la página 15.

7
A continuación, haz todos los motivos geométricos y termina con el fondo de color crema, trabajando de abajo arriba.

8
Peina tu labor y los flecos para darles volumen.

9
Recorta los flecos para igualarlos.

10

Gira la labor del revés y dobla los bordes del cañamazo en cada lado, a ras de los puntos anudados usando la punta de una plancha caliente.

11

Cose los bordes en el revés, con puntadas largas, marcando bien las esquinas.

12

Gira la labor al derecho y corta las puntas de algodón que sobresalgan para unificar la labor.

COJÍN *abstracto*

NADA COMO UNAS NOTAS DE COLORES BRILLANTES SOBRE UN FONDO DE COLOR CREMA PARA CONSEGUIR UN HERMOSO COJÍN.

TAMAÑO DEL PROYECTO

30 x 30 cm

ÚTILES

1 ganchillo de alfombra de nudos

1 peine

1 rotulador

1 tijeras

hilo de coser y aguja

alfileres

MATERIALES

36 x 36 cm de tela de cañamazo

1 ovillo de algodón de 75 m y de 2 mm de grosor en colores crema, negro, azul verdoso, azul cielo, mostaza, berenjena y rosa

1 ovillo de algodón de 60 m y de 2 mm de grosor en color rosa claro

1 ovillo de algodón de 120 m y de 1 mm de grosor en color azul eléctrico

34 x 34 cm de tela

fibra de relleno

Antes de empezar. Corta las hebras de algodón de unos 7 cm (páginas 18-19) y únelas por colores para obtener nueve grupos de hilos.

1

Dibuja el motivo en la tela de cañamazo siguiendo el diseño de la lámina 3 o hazlo a mano alzada.

2

Empieza haciendo los nudos de la forma geométrica de abajo, el rectángulo mostaza de la derecha, siguiendo las explicaciones de la página 15.

3

A continuación, rellena las formas geométricas trabajando de abajo arriba.

4

Acaba de rellenar las formas y después, haz el fondo crema.

5

Coloca la tela sobre tu labor, enfrentando derecho con derecho. Si es necesario, córtala para adaptarla al tamaño de la labor.

6

Pon alfileres en el contorno dejando una abertura de 20 cm en la mitad de uno de los lados.

7

Cose firmemente el cojín, salvo en el trozo de la abertura.

8

Recorta la tela a 1 cm de la costura.

9

Gira el cojín del derecho, sacando bien las esquinas, e introduce la fibra de relleno.

10

Haz un pliegue en las telas de cada lado de la abertura y cósela con pequeñas puntadas invisibles.

COJÍN *bereber*

ESTE COJÍN BEREBER DE COLORES PUROS APORTA UN TOQUE FRESCO AL INTERIOR.

TAMAÑO DEL PROYECTO

30 x 30 cm

ÚTILES

1 ganchillo de alfombra de nudos

1 peine

1 rotulador

1 tijeras

hilo de coser y aguja

alfileres

MATERIALES

36 x 36 cm de tela de cañamazo

1 ovillo de algodón de 75 m y de 2 mm de grosor en colores rosa, azul verdoso, mostaza y crema

34 x 34 cm de tela

fibra de relleno

Antes de empezar. Corta las hebras de algodón de unos 7 cm (páginas 18-19) y únelas por colores para obtener cuatro grupos de hilos.

1

Dibuja el motivo en la tela de cañamazo siguiendo el diseño de la lámina 4 o hazlo a mano alzada.

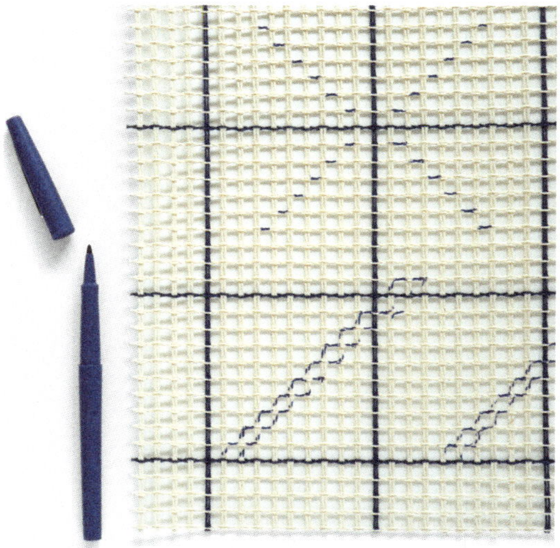

2

Empieza haciendo los nudos diagonales de color rosa de abajo y de arriba siguiendo las explicaciones de la página 15.

3

Para las cruces del centro de la labor, haz primero una diagonal inclinada hacia la izquierda y después dos medias diagonales inclinadas hacia la derecha.

4
Rellena el fondo con nudos de color crema.

5
Coloca la tela sobre tu labor, enfrentando derecho con derecho, y pon alfileres en todo el contorno, dejando una abertura de 20 cm en la mitad de uno de los lados.

6
Cose el cojín y recorta la tela a 1 cm de la costura. Gira el cojín e introduce la fibra de relleno. Haz un pliegue en las telas de cada lado de la abertura y cóselas con pequeñas puntadas invisibles.

COJÍN *geométrico*

LA SUAVIDAD COMBINA A LA PERFECCIÓN CON LAS FORMAS GEOMÉTRICAS DE ESTE COJÍN DE ASPECTO CONTEMPORÁNEO.

TAMAÑO DEL PROYECTO

30 x 30 cm

ÚTILES

1 ganchillo de alfombra de nudos

1 peine

1 rotulador

1 plancha

1 tijeras

hilo de coser y aguja

alfileres

MATERIALES

36 x 36 cm de tela de cañamazo

1 ovillo de algodón de 75 m y de 1 mm de grosor en color azul jaspeado

1 ovillo de algodón de 75 m y de 2 mm de grosor en colores mostaza y azul cielo

1 ovillo de lana de 90 m y de 2 mm de grosor en colores coral y rosa claro

34 x 34 cm de tela

fibra de relleno

Antes de empezar. Corta las hebras de algodón (azul jaspeado, mostaza y azul cielo) de unos 7 cm (páginas 18-19) y de unos 12 cm en la lana (coral y rosa claro); únelas por colores para obtener cinco grupos de hilos.

1

Dibuja el motivo en la tela de cañamazo siguiendo el diseño de la lámina 4 o hazlo a mano alzada.

2

Empieza por las formas geométricas con bucles siguiendo las explicaciones de la página 16. Haz un triángulo con la lana coral abajo a la izquierda, trabajando de abajo arriba.

3

Gira la tela y, en la esquina inferior izquierda, haz un triángulo con bucles con la lana rosa claro. Los bucles de lana de estos dos triángulos resaltarán en la composición.

4

Cogiendo dos hebras de algodón a la vez, rellena un rectángulo con nudos de color azul jaspeado siguiendo las explicaciones de la página 15.

5

Para el último rectángulo, haz nudos de color mostaza con una sola hebra de algodón.

6

Rellena el fondo con nudos de color azul cielo usando una hebra de algodón y péinalos para darles volumen.

7

Cose el cojín siguiendo las explicaciones de las páginas 74-75.

TAPIZ *bereber*

ESTE TAPIZ SIMÉTRICO RESPECTO A LA LÍNEA DISCONTINUA CENTRAL, PUEDES USARLO COMO MANTA DE SOFÁ.

TAMAÑO DEL PROYECTO

50 x 70 cm

ÚTILES

1 ganchillo de alfombra de nudos

1 peine

1 rotulador

1 plancha

1 tijeras

hilo de coser y aguja

MATERIALES

56 x 76 cm de tela de cañamazo

5 ovillos de algodón de 75 m y de 2 mm de grosor en color crema

1 ovillo de algodón de 75 m y de 2 mm de grosor en colores mostaza, azul verdoso, gris, rosa y azul cielo

1 ovillo de lana de 90 m y de 2 mm de grosor en color burdeos

---

Antes de empezar. Corta las hebras de algodón y lana de unos 7 cm (páginas 18-19) y únelas por colores para obtener siete grupos de hilos.

1

Dibuja el motivo en la tela de cañamazo siguiendo el diseño de la lámina 5 o hazlo a mano alzada.

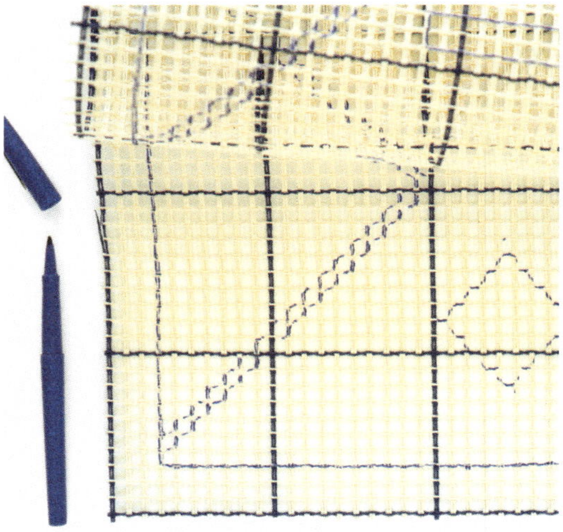

2

Empieza por los motivos de los lados con el algodón azul verdoso, siguiendo las explicaciones de la página 15.

3

Continúa con los motivos de abajo, los rombos con algodón mostaza.

4

A continuación, haz el centro, en color azul cielo.

5

Sigue con las diagonales, trabajando hacia arriba. Haz las primeras diagonales de color gris.

6

Haz las diagonales situadas encima, las de color burdeos, y después las otras diagonales de color gris.

7

Termina con los dos rectángulos de color rosa.

8

Rellena el fondo con el algodón crema.

9

Gira la labor y haz unos pequeños cortes en las esquinas de la tela.

10

Dobla los bordes de cada lado del cañamazo, a ras de los puntos anudados usando la punta de una plancha caliente.

11

Cose los bordes de la tela en el revés, con puntadas largas, marcando bien las esquinas.

12

Recorta las hebras de algodón que sobresalgan para unificar la labor.

13

Peina la labor para darle volumen.

TAPIZ *abstracto*

DISEÑADO COMO UN LIENZO MODERNO,
ESTE TAPIZ PUEDE MOSTRAR EL ARTE EN EL SUELO.

TAMAÑO DEL PROYECTO

50 x 50 cm

ÚTILES

1 ganchillo de alfombra de nudos

1 peine

1 rotulador

1 plancha

1 tijeras

hilo de coser y aguja

MATERIALES

56 x 56 cm de tela de cañamazo

2 ovillos de lana de 90 m y de 2 mm de grosor en color crema

1 ovillo de algodón de 75 m y de 2 mm de grosor en colores negro, mostaza, azul verdoso y azul cielo

1 ovillo de lana de 90 m y de 2 mm de grosor en colores coral, rosa claro y gris

---

Antes de empezar. Corta las hebras de algodón y lana de unos 7 cm (páginas 18-19) y únelas por colores para obtener ocho grupos de hilos.

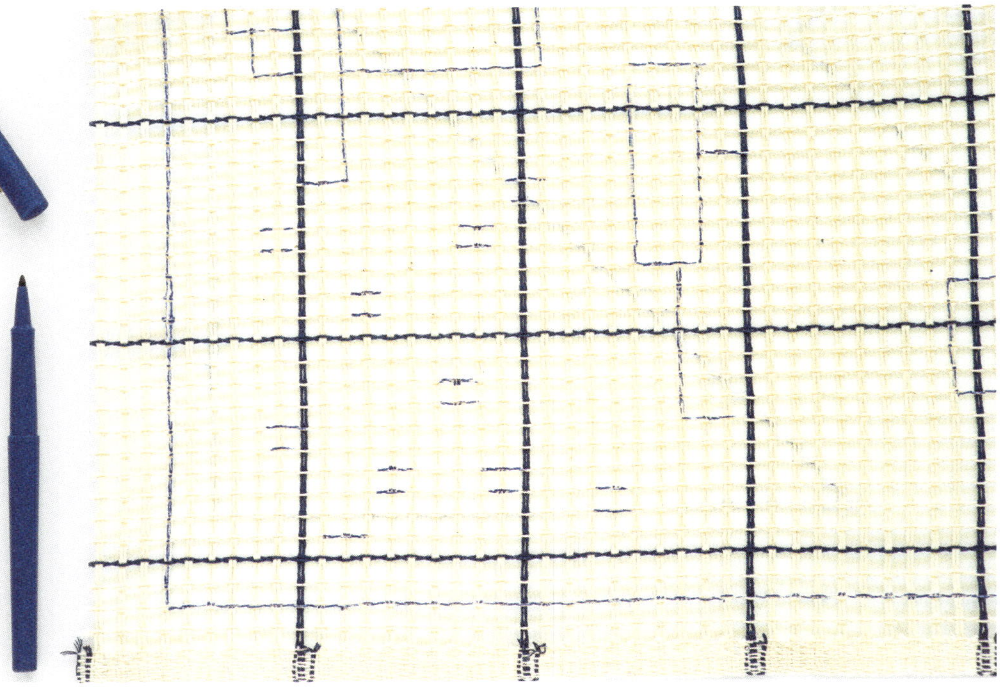

1

Dibuja el motivo en la tela de cañamazo siguiendo el diseño de la lámina 1 o hazlo a mano alzada.

2

Empieza por los motivos en algodón negro, siguiendo las explicaciones de la página 15; trabaja de abajo arriba.

3

A continuación, haz la vertical de color coral sobre dos filas, y continúa con la de color rosa claro, una a cada lado, que forman un degradado con el color coral.

4

Añade los nudos de color gris, que rodean al color rosa.

5

A continuación, haz los bloques de color azul cielo y azul verdoso del centro del tapiz.

6

Pasa después a la parte derecha del tapiz y haz el rectángulo de color mostaza partido en dos, y el rectángulo de color azul cielo situado encima.

7
Anuda la última vertical de color coral, que parte el rectángulo de color mostaza.

8
Para terminar con las formas geométricas, haz el bloque de color rosa de abajo a la derecha.

9
Rellena el fondo con nudos de color crema.

10

Gira la labor, haz unos pequeños cortes en las esquinas de la tela y dobla los bordes a ras de los puntos anudados usando la punta de una plancha caliente.

11

Cose los bordes en el revés con puntadas largas, marcando bien las esquinas.

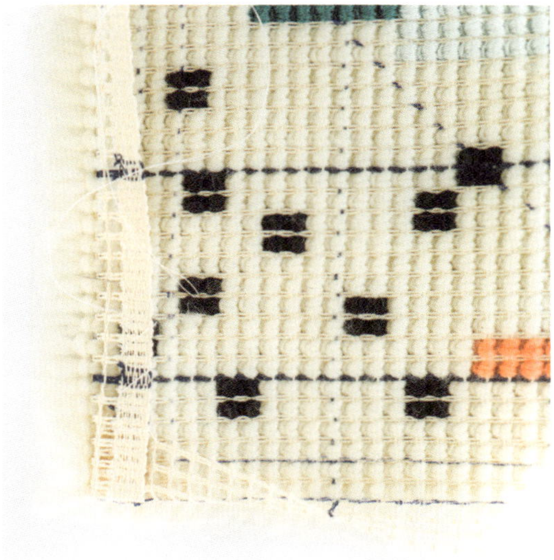

12

Gira la labor y recorta las hebras que sobresalgan. Péinala.

NOTES

ESTUCHE *con bucles*

TODO PUEDE PERSONALIZARSE, INCLUSO EL ESTUCHE QUE TE ACOMPAÑA A TODAS PARTES.

TAMAÑO DEL PROYECTO

16 x 9 cm

ÚTILES

1 ganchillo de alfombra de nudos

1 rotulador

1 plancha

1 tijeras

hilo de coser y aguja

alfileres

MATERIALES

22 x 15 cm de tela de cañamazo

1 ovillo de algodón de 75 m y de 2 mm de grosor en colores crema, kaki y azul verdoso

1 ovillo de lana de 60 m y de 2 mm de grosor en color rosa fucsia

1 estuche pequeño liso de algodón de 19 x 14 cm

16 x 9 cm de tela termoadhesiva

Antes de empezar. Corta las hebras de algodón y lana de unos 12 cm (páginas 18-19) y únelas por colores para obtener cuatro grupos de hilos.

1

Dibuja el motivo en la tela de cañamazo siguiendo el diseño de la lámina 3 o hazlo a mano alzada.

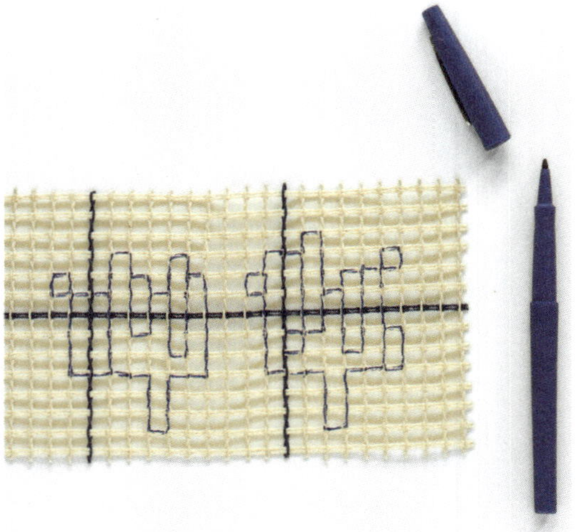

2

Para este estuche, haz los bucles siguiendo las explicaciones de la página 16. Empieza por los nudos de color azul verdoso, el que domina en el diseño.

3

A continuación, haz las sombras con el color kaki.

4

Esparce algunos bucles de color rosa que representan flores.

5

Rellena el fondo con bucles de color crema.

6

Gira la labor del revés y pega la tela termoadhesiva con la plancha sobre los hilos y los bordes de la tela.

7

Corta la tela de cañamazo a un recuadro del borde de la labor.

8

Coloca la labor sobre el estuche, pon alfileres y cósela con pequeñas puntadas invisibles.

ESTUCHE de labores

¿POR QUÉ NO HACER UN ESTUCHE DE LABORES PARA NUESTROS PROYECTOS ACTUALES?

TAMAÑO DEL PROYECTO

16 x 9 cm

ÚTILES

1 ganchillo de alfombra de nudos

1 rotulador

1 plancha

1 tijeras

hilo de coser y aguja

alfileres

MATERIALES

22 x 15 cm de tela de cañamazo

1 ovillo de algodón de 75 m y de 2 mm de grosor en colores mostaza y rosa oscuro

1 ovillo de algodón de 75 m y de 1 mm de grosor en color azul jaspeado

1 ovillo de lana de 90 m y de 2 mm de grosor en color crema

1 estuche pequeño liso de algodón de 19 x 14 cm

16 x 9 cm de tela termoadhesiva

Antes de empezar. Corta las hebras de algodón y lana de unos 7 cm (páginas 18-19) y únelas por colores para obtener cuatro grupos de hilos.

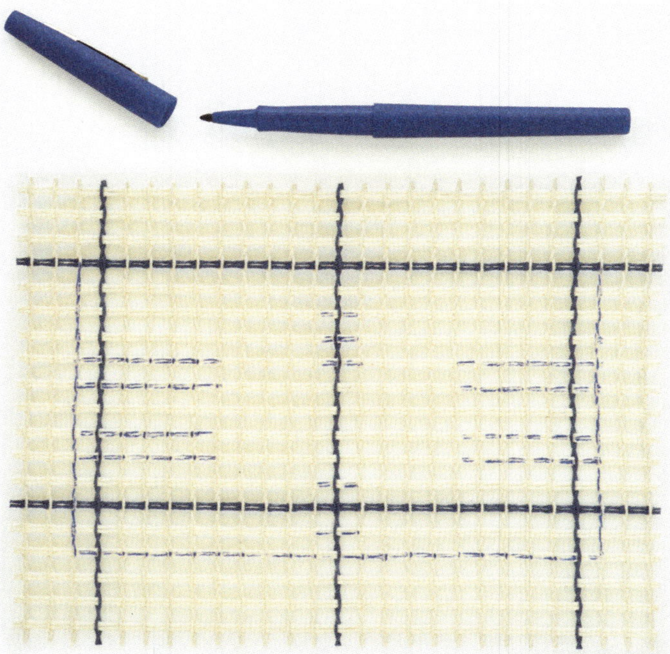

1

Dibuja el motivo en la tela de cañamazo siguiendo el diseño de la lámina 3 o hazlo a mano alzada.

2

Haz dos filas superpuestas de nudos de color mostaza y de color rosa oscuro siguiendo las explicaciones de la página 15.

3

A continuación, haz dos franjas verticales en el centro con el algodón azul jaspeado usando dos hebras a la vez.

4

Rellena el fondo con nudos de color crema, sin olvidarte de hacer una fila de color crema entre los nudos de color mostaza y los de color rosa oscuro.

5

Gira la labor del revés y dobla los bordes de la tela a ras de los nudos usando la punta de una plancha caliente. Cóselos con puntadas largas. Pon la tela termoadhesiva que cubra el reverso.

6

Coloca la labor sobre el estuche, pon alfileres y cósela con pequeñas puntadas invisibles.

LÁMPARA *de rafia*

LA EXUBERANCIA DE LA RAFIA SE EQUILIBRA TONALMENTE EN ESTA LÁMPARA DE INSPIRACIÓN *ART BRUT*.

TAMAÑO DEL PROYECTO

22 x 62,8 cm

ÚTILES

1 ganchillo de alfombra de nudos

1 tijeras

hilo de coser y aguja

MATERIALES

8 x 69 cm de tela de cañamazo

4 ovillos de rafia natural de 20 m y de unos 5 mm de grosor

1 pantalla de lámpara de 20 cm de diámetro y de 21 cm de altura

1 pie de lámpara

Antes de empezar. Corta las hebras de rafia de unos 7 cm de largo (páginas 18-19) y agrúpalas.

1

Mide la tela necesaria para cubrir el contorno de la pantalla (para una pantalla de 20 cm de diámetro, necesitarás 62,8 cm de largo + 3 cm de margen a cada lado, es decir, un rectángulo de 69 × 27 cm).

2

Empieza por la parte de abajo de la labor siguiendo las explicaciones de la página 15; deja 2 cm vacíos por debajo y 1 cm en el lado derecho.

3

Deja 4 cm libres en la parte superior para doblar esta zona alrededor de la pantalla de la lámpara.

4

Termina de anudar las hebras en toda la tela dejando 5 cm libres en el lado izquierdo.

5

Haz unas marcas cada 20 cm en la parte superior de la tela, en el revés.

6

Haz un corte en las marcas con las tijeras.

7

Coloca la tela sobre la pantalla de la lámpara y dobla la parte de la tela con los cortes hacia el interior.

8

Cose la parte de la tela con los cortes, en el revés, de manera que rodee la estructura metálica.

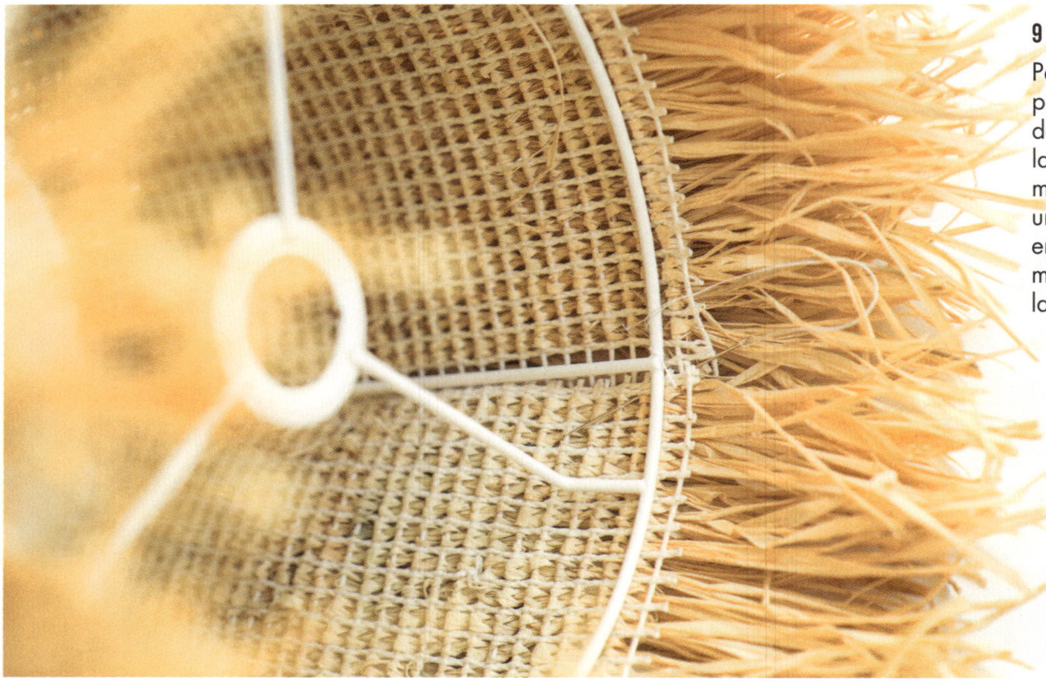

9

Para fijar la parte inferior de la tela a la estructura metálica, cose una cruz por encima de los montantes de la pantalla.

10

Cose dos puntadas en el centro de la parte que aún queda abierta.

11

Solo queda colocar el pie de la lámpara.

TROFEO *de zorro*

TAN BONITO COMO FÁCIL,
¡ESTE TROFEO DE ZORRO LANUDO CUIDARÁ DE TI!

TAMAÑO DEL PROYECTO

45 x 45 cm

ÚTILES

1 ganchillo de alfombra de nudos

1 rotulador

1 plancha

1 tijeras

hilo de coser y aguja

MATERIALES

51 x 51 cm de tela de cañamazo

2 ovillos de lana de 90 m y de 2 mm de grosor en color coral

1 ovillo de algodón de 75 m y de 2 mm de grosor en color negro

1 ovillo de lana de 90 m y de 2 mm de grosor en color rosa claro

---

Antes de empezar. Corta las hebras de algodón y lana de unos 7 cm de largo (páginas 18-19) y únelas por colores para obtener cuatro grupos de hilos.

1

Dibuja el motivo en la tela de cañamazo siguiendo el diseño de la lámina 2 o hazlo a mano alzada.

2

Comienza por la parte de debajo de la cabeza, y haz nudos con la lana crema, a derecha e izquierda, siguiendo las explicaciones de la página 15.

3

A continuación, haz los nudos con el algodón negro para formar la nariz, en el centro.

4

Después haz el ojo izquierdo, también con el color negro.

5

Luego rellena el interior de las orejas con la lana rosa, y cubre toda la parte superior de la cabeza con nudos de color coral.

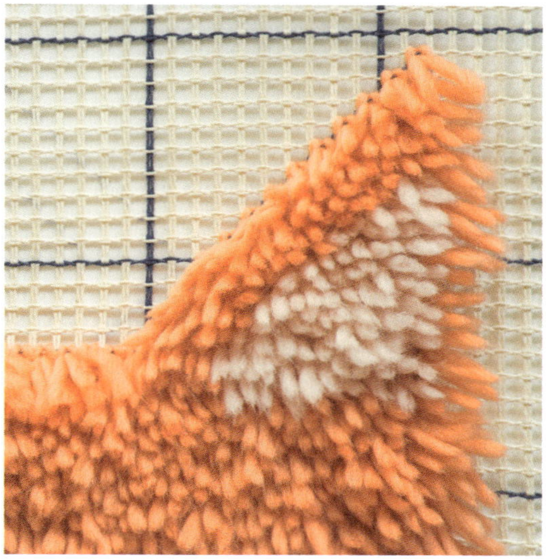

6

Pasa la mano de forma regular por la lana para dar un poco de volumen a las hebras y ponerlas en el mismo sentido con un movimiento suave.

7

Termina por el ojo derecho con nudos de color negro.

8

Recorta la tela alrededor de la cabeza del zorro y haz unos cortes en las esquinas para facilitar el doblado.

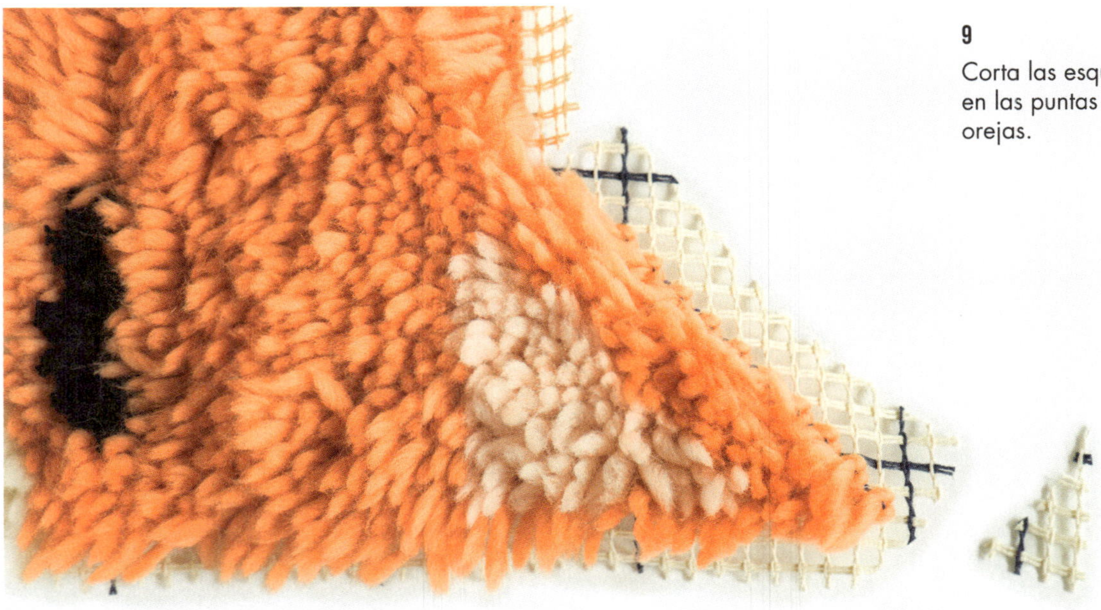

9

Corta las esquinas en las puntas de las orejas.

10

Gira la labor y dobla los bordes de la tela a ras de los nudos usando la punta de una plancha caliente.

11

Cose los bordes en el revés con puntadas largas.

12

Recorta las hebras que sobresalen para unificar la labor.

SUSPENSIÓN *bimaterial*

LA MEZCLA DE MATERIALES PROPORCIONA UNA SUSPENSIÓN EN VOLUMEN DONDE LOS TOQUES DE COLOR PARECEN EMERGER DEL FONDO LISO.

TAMAÑO DEL PROYECTO

22 x 21 cm

ÚTILES

1 ganchillo de alfombra de nudos

1 peine

1 rotulador

1 plancha

1 tijeras

hilo de coser y aguja

MATERIALES

28 x 27 cm de tela de cañamazo
1 ovillo de algodón de 75 m y de 2 mm de grosor en colores crema, mostaza, rosa, azul cielo y azul verdoso
1 ovillo de algodón de 120 m y de 1 mm de grosor en color azul eléctrico
1 ovillo de hilo de algodón redondo jersey fino de 80 m y de 1,5 mm de grosor en colores amarillo limón y rosa claro
20 x 50 cm de doble gasa

Antes de empezar. Corta las hebras de algodón y lana de unos 7 cm de largo (páginas 18-19) y únelas por colores para obtener ocho grupos de hilos. Corta las tiras de doble gasa de 48 cm de largo y agrúpalas para tener hebras de 16 cm de largo.

1

Dibuja el motivo en la tela de cañamazo siguiendo el diseño de la lámina 2 o hazlo a mano alzada.

2

Haz los flecos con la doble gasa en el bloque situado en la parte de abajo a la derecha del diseño, en un agujero de cada dos, siguiendo las explicaciones de la página 17.

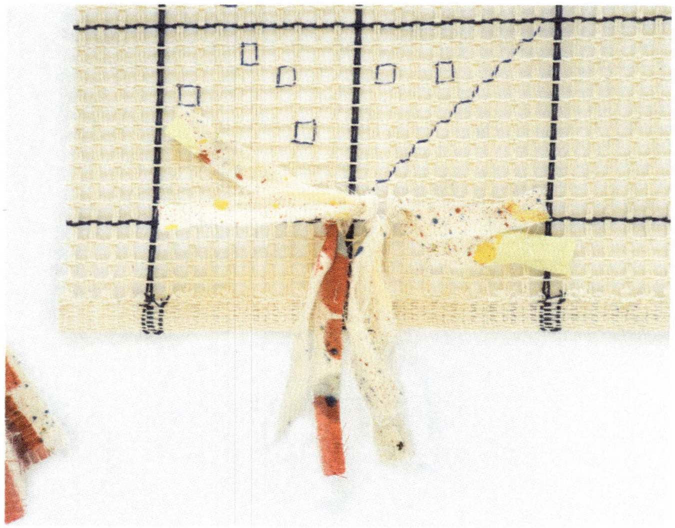

3

Si quieres que la zona quede más tupida, añade flecos y anúdalos en cada agujero de la tela.

4

Haz los nudos de color en las posiciones indicadas siguiendo las explicaciones de la página 15; usa dos hebras del algodón fino a la vez.

5
Añade los nudos de color crema para hacer el fondo.

6
Gira la labor y dobla los bordes de la tela, a ras de los nudos, usando la punta de una plancha caliente. Cóselos con puntadas largas.

7
Peina las hebras para darles volumen y recórtalas si es necesario.

CUADERNO *de direcciones*

DMC
Por sus hilos 100 % algodón (natura XL y *denim* azul jaspeado) que encontrarás en una bonita gama de colores. Sus hilos se han usado al menos una vez en todos los proyectos de este libro, y también por el trapillo.
www.dmc.com

RICO DESIGN
Encontrarás una gran gama de hilos de algodón y de hilos de algodón redondo jersey fino, y también pura lana, lana mezclada y rafia de papel.
www.ricodesign.de

WE ARE KNITTERS
Para la lana más gruesa y peluda, especialmente la usada en el zorro.
www.weareknitters.fr

PERLES & CO
Desde hilos de coser, lanas, telas, tela termoadhesiva, rafia natural… Una web para todo tipo de labores.
www.perlesandco.com

LA MAISON DU CANEVAS
Encontrarás el ganchillo de alfombra de nudos para el punto anudado y la tela de cañamazo.
www.canevas.com

Julie Robert

×

TEXTILE
DESIGNER

Título original: *Point noué et Cie.* Publicado originariamente por Marabout, un sello editorial de Hachette, en 2018.

Traducción: Núria Picos Rodríguez
Diseño de la cubierta: Toni Cabré / Editorial Gustavo Gili, SL

Publicado según acuerdo con International Editors'Co.

Printed in Slovenia
ISBN: 978-84-252-3191-9
Depósito legal: B. 7878-2019

Editorial Gustavo Gili, SL
Via Laietana 47, 2.°, 08003 Barcelona, España
Tel. (+34) 93 322 81 61
Valle de Bravo 21, 53050 Naucalpan, México
Tel. (+52) 55 55 60 60 11

Agradecimientos

Mi primer agradecimiento va para ti, Pascale. ¡Gracias por tu confianza, por este hermoso proyecto y por tus pompones! ¡Trabajar contigo es toda una experiencia humana y creativa!

Gracias, mi Justine, por tu valiosa ayuda y tu paciencia de oro.

Matthieu, mi amor, gracias por tu desbordante energía, por tu ayuda con los retoques y por tus preciosas fotos.

Alexia, Céline, Cleilia, Alexandre, Charles, Mika... No habría soñado mejor apoyo que vosotros, amigos. ¡Muchas gracias!

Mi Laura. Eres una amiga maravillosa y siempre tienes solución para mis falsos problemas. Todo se convierte en una dulce melodía y una carcajada garantizada cuando estamos juntas. Gracias por todo eso.

Emma, mi pequeña perla, siempre entusiasta cuando te muestro un proyecto. Cuando dudo, tus abrazos y tu sonrisa me aportan mucho. Te quiero.

A mis padres, hermanas, primas, a toda mi familia... Gracias desde el fondo de mi corazón por vuestro apoyo.

Mis queridas alumnas. ¡No me olvido! Este libro también es vuestro. Gracias por todo.

Muchas gracias a Yui, Camille y Jun por la acogida que me brindasteis en vuestro precioso apartamento. Fue una alegría tomar muchas fotos en vuestra casa.

A mi pequeña abuelita, que está en el cielo...